Heimatdämmerung

PETER SCHUHMANN

Heimatdämmerung

(Gedichte zwischen den Zeiten)

Bibliografische Information der Deutschen Nationalbibliothek:
Die Deutsche Nationalbibliothek verzeichnet diese Publikation
in der Deutschen Nationalbibliografie; detaillierte bibliografische
Daten sind im Internet über http://dnb.dnb.de abrufbar.

© 2018 Peter Schuhmann
Satz, Umschlaggestaltung, Herstellung und Verlag:
BoD - Books on Demand

ISBN: 978-3-7460-5468-1

Inhalt

Egonauten

Unsre Heimat (2018)

Unsre Heimat,
das sind nicht nur die Städte und Dörfer,
das sind unsere Lieder und Wörter,
ein Gefühl tief im Bauch,
alte Freunde und Brauch.

Unsre Heimat,
das sind hässliche Mauern und Gräben,
das sind blutige Wurzeln und Streben,
nach der Freiheit, dem Glück,
manche Blicke zurück.

Unsre Heimat,
ist das Land unsrer Mütter und Väter,
eine Geißel der Macht und der Täter,
und wir lieben die Heimat, trotz allem,
und wir schämen uns nicht,
auch wenn sie nicht dem Volke gehört,
weil sie nur noch dem Gelde gehört.

Vom Eiswind (2016)

Gestern brannten die Öfen
in den Kammern der Herzen,
und durch unsere Adern
floss in Strömen die Glut.
Doch ein Sturm kam aus Norden
und die eisigen Winde
fuhren tief in die Lungen,
und erfroren das Blut.

Plötzlich bersten die Träume
und die Fenster der Heime,
und die Seelen der Frauen
sind zertanzt und verletzt.
Wer nennt Wahrheit beim Namen?
Wer beendet das Schweigen?
Wer weiß wieder, was gut ist
und was Menschen Gesetz?

Werft das Holz der Verzweiflung,
jeden Scheit Eurer Trauer,
in die ewigen Öfen
und entfacht neu den Brand.
Nur ein Funken der Hoffnung
bringt den Herzen das Feuer,
und vertreibt Hass und Kälte
aus dem frierenden Land.

Egonauten

Sie gleiten durch die Sphären
zu Ufern und Ehren,
auf ihrem Flug
im Raumanzug
kann sie kein Erdling stören.

Sie jagen weltvergessen
nach Ruhmesglanz besessen,
sind der Planet
um den sich's dreht,
von Eitelkeit zerfressen.

Von Tag zu Tag gescheiter,
penible Thesenreiter,
Elitehort,
der Rest von Bord,
die Egoprise fliegt weiter.

Im eignen Kosmos schweben
dem großen Licht entgegen,
um sie herum
nur Vakuum
und fremdbefreites Leben.

Hoch hinaus

Nase gehoben
Ellen gebogen
Strippen gezogen
Netze gewoben
Spiegel belogen
Endlich ganz oben!

Krieg der Worte

Ein Raum voller Köpfe,
die Köpfe voll Leere,
die Leere voll Worte,
die Worte voll Hass,

der Hass schlachtet Sätze,
er meuchelt die Wahrheit,
er tötet Gedanken,
darauf ist Verlass.

Er kennt keine Achtung,
er kennt keine Grenzen,
er kennt keine Gnade,
nur blutigen Sieg,

ein Raum voller Leere,
die Leere voll Köpfe,
die Köpfe voll Worte,
die Worte im Krieg.

Beschleunigung

Immer härter der Will'n
immer spitzer die Ell'n
immer größer das Haus
immer tiefer der Rausch
immer teurer der Frack
immer ärmer das Pack
immer dumpfer der Hass
immer voller das Fass
immer dreister die Macht
immer schwärzer die Nacht.

Letzte Schicht

Meilenweit unterm Berg,
tief versunken im Schacht,
so verricht ich mein Werk
in der ewigen Nacht.

Einsam schürf ich nach Gold,
blind getrieben vom Rausch,
meine Schreie verhallt,
Grubenlichter längst aus.

Kein Gespür mehr in mir,
für die Zeit, für den Raum,
nur noch tödliche Gier
nach dem glitzernden Traum.

Und mein Bergeisen schlägt
durch den blutenden Stein,
immer tiefer den Weg
in das Dunkel hinein.

Mancher Eid ward geschwor'n
doch ich kehr nicht zurück,
bin im Schatten verlor'n
auf der Jagd nach dem Glück.

Chamäleon

Die kleinste Pore
angepasst,
die richtige Farbe,
bloß keinen Kontrast.

Mal schwarz, mal rot,
ein neues Blau,
wenn unvermeidbar,
grau in grau.

Wie schaffst Du das nur,
bist Du es nicht leid,
die passenden Töne
zur passenden Zeit?

Bist Du eins mit der Mode,
trifft sie Deinen Instinkt
oder bist Du in Wahrheit
für Farben selbst blind?

Die kleinste Zelle
angepasst,
verstohlen hockst Du
auf dem Ast,
und lachst Dir einen.
Ich find es zum Weinen!

Einsteins Erben

Relativ sicher oder Traum?
Das Pendel schwingt sich durch den Raum
in Erden-Dimensionen.
Wir kennen Anfang nicht und Ende,
um unsern Geist zu viele Wände
aus Hochmut und Atomen.

Zwischenland

Verhängnis

Seltsame Tage
in den Netzen der Spinne,
zwischen klebrigen Fäden,
zappeln wir taub und stumm.
Unser Wille geraubt,
schwarzes Gift lähmt die Sinne,
tiefer Rausch wirft den Schleier
um die Seele herum.

Seltsame Tage
in den Netzen der Spinne,
zwischen kalten Kadavern,
hängen wir schwach und blind.
Unser Jäger gewieft,
langsam schließt sich die Schlinge,
und das Heer der Besiegten
flattert einsam im Wind.

Seltsame Tage
in den Netzen der Spinne,
zwischen seidenen Lügen,
schweben wir leer und starr.
Unsre Hülle verblasst,
nimmt den Lauf aller Dinge.
Filigrane Versuchung,
unser Ende bizarr.

Zwischenland

Zwischen Meeren und Bergen,
zwischen Leben und Sterben,
zwischen Dichtern und Denkern,
zwischen Hetzern und Blendern,
zwischen Banken und Bossen,
zwischen Gott und Genossen,
zwischen Herz und Verstand
ein zerrissenes Land.

Zwischen Brücken und Gräben,
zwischen Hadern und Streben,
zwischen Terror und Frieden,
zwischen Wahrheit und Lügen,
zwischen Freiheit und Joch,
zwischen Heckler und Koch,
zwischen Geldgier und Macht
legt sich leise die Nacht.

Zwischen morgen und gestern,
zwischen Brüdern und Schwestern,
zwischen Trägheit und Massen,
zwischen Lieben und Hassen,
zwischen Schuld und Gefühlen,
zwischen Zeilen und Stühlen,
zwischen Ohnmacht und Rausch
wachen wir nicht mehr auf.

radikal

Die Wahrheit liegt oft in der Mitte,
sie stochern blind am Rand,
und jede zweite Möglichkeit
ist tief im Hirn verbrannt.

Das Leben geht verschlungne Pfade,
ihr Geist marschiert frontal,
den Kompromiss als Hochverrat,
die Phrasen schön banal.

Und unsre Welt der tausend Farben
mal'n sie in Schwarz und Weiß,
wutschäumend tönt der Schlachtgesang
aus Herzen kalt wie Eis.

Ihr Mitgefühl bleibt ungerührt,
das Menschsein auf der Strecke.
Doch unsre Erde, sie bleibt rund.
Sie steht in keiner Ecke!

Schweigen

Mein Herz tanzt stumm
auf einem Drahtseil
über johlenden Massen.
Mein Blut rauscht rot
durch zuckende Adern
im Rhythmus seiner Schläge.
Mein Mut sinkt tief
in einen Ozean
aus Zweifel und Verzagen.
Meine Lippen gepresst –
der Feigheit ein Gelübde.

Plakativ (September 2017)

Papierballast
am Straßenmast
Voll Geltungsdrang
sechs Wochen lang

Galionsfigur
mit Föhnfrisur
Brachialbarock
von Photoshop

Verbalklischee
aus Retro-Schnee
Trivial-naiv
im Konjunktiv

Volkslethargie
dank Amnesie
Beherrschbarkeit
aus Selbstmitleid

Schildbürgertum,
die Zeit ist um!
Raus aus der Gruft:
der Kreuzgang ruft.

Einfachheit halber

Jedes Gegentor ist haltbar
jeder Schmetterling leicht faltbar
jedes Bio-Huhn stets fröhlich
jeder Russe unausstehlich.

Jeder Rapper ist gefährlich
jeder Christ im Herzen ehrlich
jeder Arzt millionenschwer
jeder Perser Ingenieur.

Jeder Ossi ist phlegmatisch
jeder Wessi unsympathisch
jeder Sachse ein Faschist
jeder Linke Kommunist.

Klingt doch einfach,
oder nicht?

Kokon

Blutige Schatten an meinem Fenster,
lautlose Schreie vor meinem Tor.
Verriegelt die Türen, kein Platz für Gespenster!
Stellt Säcke voll Gleichmut als Schutzschild davor.

Blutige Blicke durch fremde Scheiben,
zuckende Schultern vor fremder Pein.
Macht's Euch gemütlich, wer drin ist, darf bleiben!
Was auch passiert, wir lassen niemand´ mehr rein.

Blutige Hände in unsern Taschen,
zynische Seelen in unsrer Brust.
Die Herzen immun, in Unschuld gewaschen.
Alles bleibt wie es war, aus Angst vor Verlust.

Parallel

Ewig bei uns
doch nicht mit uns
alle Wege parallel

andre Ziele
voller Inbrunst
alle Wege parallel

unsre Straßen
ihre Sprache
alle Wege parallel

ihr Gesetz
und keine Strafe
alle Wege parallel

unsre Scheine
nicht die Werte
alle Wege parallel

Flucht ins Gegenteil
verkehrte
und die Wege parallel.

Heimatdämmerung

Ein Berg finstrer Galgen thront über der Stadt,
wiegt eisern die Köpfe im Wind,
so viele Paläste und längst noch nicht satt,
wenn glutrot der Abend beginnt.

Ein Tanz der Giganten im Scheinwerferlicht,
sie ziehen aus Stahl und aus Stein,
ein paranoides Betongesicht
bis weit in den Himmel hinein.

Tief unten am Boden zerrieselt zu Staub
das Antlitz vergangener Zeit,
die alten Gemäuer, sie fallen wie Laub
im Abrisssturm, bis nichts mehr bleibt.

Die gelben Vasallen der Gier und der Macht
erschaffen aufs Neue die Welt.
Die Zukunft sie kam, doch sie ging über Nacht
mit Taschen voll streunendem Geld.

Und so schwinden das Grün
und die Tage des Lichts,
und so schwinden auch wir, Stück für Stück.
Auf dem Galgenberg stehn
vor den Augen das Nichts,
diese Dämm'rung kehrt niemals zurück.

Geburtsfehler

Keine Gaben an der Krippe,
keine Liebe einer Sippe,
keine Hände, die Dich führen,
keine Zärtlichkeit zu spüren.

Keine Güte, keine Normen,
keine Sorgfalt, Dich zu formen,
keine Chancen zu vergeben,
keinen Fixstern für Dein Leben.

Keine Gnade,
nur die Qual.
Keine Zukunft,
keine Wahl.

morbus saeculum

poetische onanie
auf ein weißes blatt papier
tintenbefleckte empfängnis
mäandernder ungereimtheiten
im versmaß aller dinge
virtuose verbalakrobatik
affektierter stil
mittel zum heiligendem selbstzweck
brillante wortgespinste
voller schleifstaub elitärer boheme
allein
nicht eine handbreit AUFRUHR
unter dem federkiel

Unser Stern

Trompetenturm

Welch Zwangserektion aus Glas und Beton
erhebt sich monströs in den Himmel?
Getragen von morschen Gebeinen,
erkauft mit gewaschenen Scheinen,
benannt nach dem gierigen Lümmel.

Ein goldenes Tor als Denkmal davor
verschlingt die verlorenen Seelen.
Benebelt von Hass und Intrigen,
sediert mit perfidesten Lügen,
getäuscht, um den Täuscher zu wählen.

Nachts unter dem Dach liegt er lange wach,
zählt Haare im Turm und Moneten.
Und nur um sich selbst zu gefallen,
lässt impertinent er erschallen,
von oben Jerichos Trompeten.

Bestien

Sie nahmen uns Jahre, sie gaben uns Schmerzen,
sie füllten die Wunden mit siedendem Blei.
Sie rissen die Unschuld aus gläubigen Herzen,
und schnitten das Band der Versöhnung entzwei.

Sie nahmen uns Freunde, sie gaben uns Siege,
sie füllten die Köpfe mit blutiger Saat.
Sie stahlen den Frieden und brachten uns Kriege,
verstümmelte Menschen und kalten Verrat.

Sie nahmen uns Leben, sie gaben uns Tote,
sie füllten die Seelen mit bitterer Schuld.
Sie brandschatzten Länder, zerstörten die Boote,
die Hoffnung, die Zukunft, für Spuren von Gold.

Blutsbrüder

Werter Emir, lieber Scheich,
hier im V. I. P.-Bereich:
Großkaliber zeigen wir
nun in Messehalle vier.

Da steht unser Top-Modell,
hochpräzise und blitzschnell.
Feinster Stahl aus einem Guss,
Schuss für Schuss ein Hochgenuss.

Perfekt laserkalibriert,
für das Töten optimiert.
Echte deutsche Tradition,
Handwerk, Liebe und Passion.

Alle Waren sind erprobt
in so manchem Krieg, der tobt.
Unser Muster-Massengrab
reicht von Homs bis Stalingrad.

Und, wie steht's mit dem Export?
Der Minister gab sein Wort:
regelmäßig ausnahmsweise
darf der Tod auf große Reise.

Doch bloß zur Verteidigung,
das besagt die Anleitung,
die exakt zu lesen ist,
eh man in die Menge schießt.

Lieber Emir, werter Scheich,
unser Rundgang endet gleich.
Nächstes Jahr seh'n wir uns wieder,
Blut verbindet, teure Brüder!

Geisterflieger

Die Geister ziehen ihre Kreise,
ein scharfes Auge auf der Reise
durch die Ruinen dieser Stadt,
zerbombt, zerschossen,
grau und matt,
der Tod kam schnell und leise.

Die Geister filmen leere Gassen,
rot schimmert Blut noch auf den Straßen
der Leichen, längst verscharrt am Fluss,
zermalmt, zerrissen,
im Beschuss,
von ihrem Gott verlassen.

Die Geister führen fremde Kriege,
erzählen ihrer Herren Lüge
in unsern Wänden mit Kalkül,
allabendlich,
bunt und steril,
vom ritterhaften Siege.

Göttliche Fügung

Ich bin oben,
Du ganz unten,
doch wir haben
uns gefunden.

Du lebst elend,
ich famos,
Du im Slum,
ich hier im Schloss.

Du schläfst
unterm Pappkarton,
ich in Seide
und Satin.

Ich fress Trüffel
in Paris,
Du kaust Abfall,
faul und mies.

Du verlängerst mir
mein Leben,
ich kann Sinn
dem Deinen geben:

Du hast Hunger,
ich die Welt.
Du zwei Nieren,
ich das Geld!

Schatzsucher (Gahzipur/ Neu-Delhi, 2017)

Alle rufen ihn Tican,
er hat lockige Haare,
hat zwei sanft braune Augen,
und wird heute acht Jahre.

In bunt-leuchtenden Fetzen
auf den schmächtigen Rippen,
tritt er lächelnd heraus
aus dem Elend der Hütten.

Schnell erklimmt er die Böschung
mit wild knurrendem Magen,
durch den Höllengestank,
wie an dreihundert Tagen.

Knöcheltief steht der Abfall
auf den dampfenden Bergen,
in der sengenden Hitze
glitzern Drähte und Scherben.

Bunter Müll von den Tischen
weit entfernter Planeten,
Überreste des Wohlstands,
weggekippt und zertreten.

Tican gräbt mit den Händen,
trotz unzähliger Narben,
auf der Suche nach Schätzen,
wie die anderen Knaben.

Mutig klettert er barfuß
zwischen streunenden Hunden,
in der Faust seine Tüte
mit den wertvollen Funden.

Ein paar Rupien für's Silber
aus den alten Platinen,
giftig schäumt heiße Säure
in kaputten Terrinen.

Fröhlich läuft er nach Hause
denn er gab ein Versprechen,
seiner Mutter, den Brüdern:
Heute gibt es zu essen.

Safrangelb wirbelt Staub auf,
Laster entern die Kippe.
»Neue Arbeit für Tican!«
Und er rennt aus der Hütte.

Manchester (22. Mai 2017)

Leben,
Tanzen,
Singen,
Töne, die verklingen,
ein letztes Mal gelacht.

Morden,
Bomben,
Meucheln,
Frömmigkeiten heucheln,
Manchesters schwarze Nacht.

Hassen,
Spalten,
Blenden,
fremdes Werk vollenden,
in selbstzeriss'nem Schmerz.

Lieben,
Hegen,
Sorgen,
ausgelöschtes Morgen,
die Trauer tief im Herz.

Tod über Leben,
welch bitterer Stunde.
Hass über Liebe?

Nicht eine Sekunde!

Gottesschänder

Seinen Namen zu nennen,
die Gebote zu kennen,
zum Himmel zu beten,
um dann Menschen zu töten.

Seine Schriften zu lesen
über höhere Wesen,
und all die Gerechten,
um dann Frauen zu knechten.

Seine Gnade zu suchen,
jeden Sünder verfluchen,
jene Botschaft zu hören,
und sein Werk doch zerstören.

Unser Stern

Blutige Tage,
blutige Nächte,
blutige Zeiten,
vor unserer Tür.
Brennende Städte,
brennende Häuser,
brennende Leichen,
ein Steinwurf von hier.

Weinende Mütter,
weinende Väter,
weinende Kinder,
vor unseren Tor'n.
Hilflose Seelen,
hilflose Herzen,
hilflose Schreie,
in unseren Ohr'n.

Sterbende Menschen,
sterbende Hoffnung,
sterbende Zukunft,
so nah und so fern.
Finstere Tage,
finstere Nächte,
finstere Zeiten,
auf unserem Stern.

Selbstbefragung

Manche Tage

An manchem Tag setz ich mich zwischen Stühle,
find keinen Platz in dieser Glitzerwelt.
Das Licht strahlt hell mit unnahbarer Kühle,
und ich lauf fort, weil mir die Wärme fehlt.

An manchem Tag verlässt mein Herz die Zunge,
stößt vor den Kopf der fest vernagelt scheint.
Ein wahres Wort braucht keine starke Lunge,
nur etwas Mut mit Widerstand vereint.

An manchem Tag zähl ich die vielen Wunden,
tief eingegraben unter meiner Haut.
Den Weg zu mir hab ich im Schmerz gefunden,
an manchem Tag bin ich mir selbst vertraut.

Selbstbefragung

Stehenbleiber?
Wegentscheider?
Segelstreicher?
Einfallsreicher?

Glücksversäumer?
Träumeträumer?
Reichtumraffer?
Schönesschaffer?

Liebesblinder?
Liebesfinder?
Bindungsmeider?
Immerbleiber?

Selbstverleugner?
Zukunftzeuger?
Ewigzweifler?
Lebensmeister?

Seelenmaler

Mit Farben steh ich vor der Tür,
Du lässt mich nicht hinein.
Kein Schlüssel steckt, kein Weg zu Dir,
Du willst alleine sein.

Durchs Fenster seh ich Deinen Gast,
der Drache macht sich breit,
er malt die Wände rabenschwarz,
doch Deine Seele schweigt.

Apathisch folgst Du jedem Strich
aus Augen matt und fahl,
kein Funken Hoffnung mehr im Blick,
nur Leere überall.

Die Dunkelheit verschlingt Dein Licht,
lässt die Dämonen frei,
gefangen in der Finsternis,
kein Laut, kein Hilfeschrei.

Einfach nur Schlafen tagelang,
Du findest keine Ruh.
Die schwarzen Wände machen bang,
sie stürzen auf Dich zu.

Mit Farben steh ich vor der Tür,
und flehe: Lass mich rein!
Ich renovier,
ich tapezier,
mal alle Wände bunt bei Dir,
und lass Dich nicht allein.

Ausverkauf

Mein Leib gehört der Firma,
das Haus besitzt die Bank,
die Haut zu Markt getragen,
ein ganzes Leben lang.

Den Schneid gab ich dem Mammon,
der Stolz war schnell versenkt,
mein Rückgrat ging verloren,
den Mut hab ich verschenkt.

Mein Hirn kam mir abhanden,
die Stimme gleich dazu,
nun fehlt mir meine Meinung,
dafür bekam ich Ruh.

Mein Ohr den Demagogen,
mein Fähnchen in den Wind,
zum Teufel mit der Seele –
falls ich sie wiederfind.

260 Sachen

Das Leben fliegt an mir vorbei
in surrealen Streifen,
durch meine Adern schießt das Blei,
es qualmen heiße Reifen.

Die Tachonadel klebt am Blatt,
sie kriechen in den Spuren,
der Boxster dröhnt unendlich satt
und röhrt auf vollen Touren.

Die Planke fest im Tunnelblick,
sonst kenn ich keine Grenzen.
Ein Halbgott auf dem Höllenritt
mit eingestaubten Bremsen.

Speedsüchtig hänge ich am Tropf,
da kann man wohl nichts machen.
So vieles geht mir durch den Kopf,
zweihundertsechzig Sachen.

Spart Euch die Tafeln auf dem Weg,
den Tod in bunten Bildern.
Ich kann nicht lesen, was da steht,
im Flug vorbei an Schildern.

Die letzte Freiheit nehm ich mir,
Ihr Grundgesetzverräter!
Und will's das Schicksal, sterb ich hier
als Selbstmordattentäter.

Falsches Omen

Erdogan ist keine Pille,
Netanjahu kein Portal,
Nelson war nie in Freilassing,
Willy Brandt nicht infernal.

Karel Gott ist nicht der Schöpfer,
Jens flog weit, nicht nur ins Weiß,
Willy Sitte malte Akte,
Heidis Klumfuß ist echt heiß.

Ackermann hielt nichts am Boden,
Barbara streut keinen Sand,
Petry sagt nie »Heil« zum Angler,
Wagenknecht steht nicht am Band.

Messi sammelt nur Pokale,
Schweini grätscht nicht saugemein;
Nomen ist nicht immer Omen,
doch wir fallen gern drauf rein.

Lebensspende

Wo krieg ich noch 'n Leben her?
Mein altes funktioniert nicht mehr!
Auf halbem Weg ist es verreckt,
nun steckt es irgendwo im Dreck.

Ich hab's vermasselt und verbockt,
vergeigt, vergeudet und verzockt,
verpfuscht, versaut und hingeflegelt,
verprasst, versoffen und zervögelt.

Nun schau mich nicht so spießig an,
bin keine Maus, bin halt 'n Mann!
Schmeckt Leben ohne Übermaß
nicht aufregend wie Müslifraß?

Drum biet ich Dir ein Tauschgeschäft!
Hör erst mal zu, klingt gar nicht schlecht:
Ich gebe Dir mein altes Sein,
lös meines gegen Deines ein.

Dann eines Morgens wachst Du auf
aus einem langen, tiefen Rausch.
Nach tristem Dasein als Asket,
hast Du am Ende was erlebt.

Und Deinem alten, blassen Leben,
werd ich so richtig Farbe geben.
Ich schaff das schon, bin Optimist;
ich weiß ja, wo der Abgrund ist!

Wer?

Wer saugt der Welt die Farben aus,
tränkt sie in tausend Schwarz und Graus?
Wer nimmt ihr jede Heiterkeit
und stürzt sie in die Dunkelheit?

Wer treibt der Welt die Liebe aus,
trägt Wut und Hass in jedes Haus?
Wer raubt des Lebens warmen Schein,
pflanzt Angst in jede Zelle ein?

Wer löscht der Welt die Seele aus,
presst jeden Tropfen aus ihr raus?
Wer knechtet sie seit Jahrmillionen?
Sechs schlecht gelaunte Elektronen!

Im Wandel

Kopfstandbilder

Die Häuser wachsen aus dem Himmel,
im Ozean geht die Sonne auf,
die Autos lernen endlich fliegen,
und Flüsse klettern Berge rauf.

Die Sterne liegen uns zu Füßen,
wie Tropfstein hängen Bäume schwer,
der Regen fällt zurück in Wolken,
und über uns ein Blumenmeer.

Wir kleben nicht mehr fest am Boden,
was ewig unten war, ist oben.
Die Marionetten zieh'n die Fäden,
wir schweben mühelos durchs Leben.

Im Wandel

Schneller, höher, weiter,
größer, dicker, breiter,
jünger, schöner, straffer,
härter, rauer, tougher,
schicker, steifer, reicher,
kälter, böser, bleicher,
ernster, müder, grauer,
stiller, weiser, schlauer,
stärker, freier, heiter,
cooler, reifer, Zweiter!

Die Seifenblasenkönigin

Wie viele Träume bunt und schön,
hat er Dir schon oft verkauft?
Du hängst an seinem roten Mund,
er bläst sie vor Dir auf.

Sie schillern in vollkommner Pracht,
Du strahlst vor lauter Glück,
er hat ihn lange einstudiert,
den besten Zaubertrick.

Er nennt Dich seine Königin
im Glitzer-Königreich,
sein Luftschloss fern am Horizont
schwebt seifenblasengleich.

Ein zarter Hauch voll Illusion
betört das junge Herz,
Dein letztes Hemd gibst Du dafür
und schenkst ihm süßen Schmerz.

Du nimmst die Träume mit nach Haus,
doch kaum bist Du zurück,
zerplatzen sie, wie jedes Mal,
im selben Augenblick.

Kurzer Prozess

Ich trag mehr als meinen Namen,
ich zeig mehr als mein Gesicht,
ich sag mehr als meine Worte,
und wieg mehr als mein Gewicht.

Ich zähl mehr als meine Jahre,
ich heb mehr als meine Last,
ich bin mehr als meine Schwächen,
und mehr, als Dein Blick erfasst.

Ich brauch mehr als nur Dein Mitleid,
ich will mehr als Dein Klischee,
ich verdien ein faires Urteil
und kein Augenblicksdossier.

Die Wand

Hat der Sturm sich gelegt?
Stehst Du wieder an Deck?
Hat das Meer sich bewegt,
und die Wolken sind weg?

Sonnenklar war der Tag,
und die Luft seidig lau,
unbekümmert und stark,
trieb Dein Boot durch das Blau.

Aus dem Nichts kam die Wand
hinter stahlgrauem Licht,
die Gefahr spät erkannt,
Leichtsinn nahm Dir die Sicht.

Plötzlich packt Dich die See,
wirft Dein Schiff durch die Well'n,
und Du schnellst in die Höh,
und Du drohst zu zerschell'n.

Und Du schreist und versinkst,
kämpfst verzweifelt ums Leben,
stellst mit letztem Instinkt,
Dich dem Schicksal entgegen.

Alle Segel zerfetzt,
und Dein Anker ist fort.
Du bist schwach und verletzt,
doch noch immer an Bord.

Starrst gebannt in die Flut
mit ungläubigem Blick.
Kühlst die Wunden, Dein Blut,
wünschst den Morgen zurück.

Zögernd nimmst Du das Lot,
greifst zum Ruder bleischwer,
und Du steuerst Dein Boot
durch das eiserne Meer.

Aufbruch

In meinem Kopf ein neues Ufer,
vor neuem Ufer tiefes Meer,
ein tiefes Meer, doch keine Brücke,
kein Steg, kein Boot bringt mich hierher.

In meinem Kopf ein neues Ufer,
an neuem Ufer fernes Land,
ein fernes Land, doch voller Neugier:
die erste Planke in der Hand.

Im Wartesaal der Zeit

Die Tage fügen sich ins Leben
gleich schweren Steinen, Stück für Stück,
zu Mauern, nicht mehr zu bewegen,
zu hoch, um drüberweg zu schweben,
und weit versperrt ist jeder Blick.

Die Wochen tropfen durch die Hände
wie schales Wasser, Schluck für Schluck,
zu einem Rinnsal ohne Ende,
es läuft und fließt und strömt behände,
mit unbeugsamen sanftem Druck.

Und Jahr für Jahr kerbt seine Ringe
in unsern Stamm mit scharfem Strich,
Du sitzt herum und harrst der Dinge,
die Zeit indes schleift längst die Klinge,
für den brutalen letzten Stich.

Saug jeden Tag und jede Stunde,
jede Minute und Sekunde,
jeglichen Schmerz, jeden Gewinn,
Verluste, Enden und Beginn,
tief in Dich ein mit jedem Zug!
Gewartet hast Du lang genug.

Wortglauberei

Wenn Blicke jemals tödlich enden,
Trompetenblumen tröten könnten,
Vergissmeinnicht ein Hirn besäßen,
wo sie den andern nicht vergäßen,
Parteisoldaten schießen müssten,
die Besserwisser alles wüssten,
und Fehler plötzlich selber denken,
werd jedem Wort ich Glauben schenken.

Lichtblick

Dezembermorgen

Der erste Reif verharscht die Felder,
ein kalter Zucker auf dem Land,
der Nebel streift durch dunkle Wälder,
die Sonne schwelt im Niemandsland.

Eisperlen funkeln in den Netzen
der Spinnen, zwischen hohem Gras,
in Streuobstbäumen zum ergötzen,
drei Äpfel, die der Herbst vergaß.

Ein kleiner Igel sucht leis' schnaufend,
ein Lager für die Winterruh.
Da vorn: ein morscher Blätterhaufen!
Schon macht er seine Augen zu.

Die Stille vor der großen Pause,
das Leben legt sich selbst auf Eis.
Wir Menschen werden weiter sausen,
vergessen scheint, was Leben heißt.

Wintertag am Meer

Ein schlohweißer Teppich auf stahlgrauer See,
geknüpft aus matt glitzernden Schollen,
mit Meerwassersaum aneinandergenäht –
sie schwanken und wanken,
die eisigen Planken,
ein Spielzeug für Kutter und Jollen.

Der grimmige Nordwind fegt über die See,
bewirft uns mit scharfen Kristallen,
wir stapfen gepanzert vom Kopf bis zum Zeh –
ein Sausen und Brausen
am Himmel da draußen,
das Lied für die Fische und Quallen.

Wir hocken am silbernen Ufer der See,
die Füße versunken im sandigen Schnee,
und warten auf Winterwonne:
einen leeren Strandkorb voll Sonne.

Lichtblick

Die Trübsal zieht durch mein Gemüt
ins Tal der Nebelkrähen.
Welch schattenlose Finsternis,
kein Lichtblick mehr zu sehen.

Der Winter kriecht in jeden Knochen,
stellt meine Seele kalt,
doch plötzlich glimmt ein Funke Hoffnung:
Dies Jahr ist noch nicht alt.

Sonne im März,
ich blicke himmelwärts:
Komm, reiß die Wolken auf!
Sonne im März,
erwärm mein kühles Herz.
Starte den Lebenslauf!

Das karge Land kennt noch kein Grün,
es liegt in Schwarz und Weiß,
doch die Natur, längst kreativ,
mischt Farben unterm Eis.

Die Zeichen steh'n auf Neubeginn,
Erwachen Stück für Stück,
und unsre Lebensgeister kehr'n
auf Zugvögeln zurück.

Sonne im März,
ich blicke himmelwärts:
Komm reiß die Wolken auf!
Sonne im März,
strahl in mein müdes Herz.
Zünde den Lebenslauf!

Sommerlicht

Das Licht des Sommers wirft den Blick
schon in die schmalsten Gassen,
es zaubert Punkte ins Gesicht,
macht Leben federleicht und schlicht
und lässt den Gram verblassen.

Der Wind des Sommers kühlt die Stirn
an heißen Meerestagen,
er wirft die Wellen an den Strand,
bestreicht die Haut mit weißem Sand
und will die Wolken jagen.

Der Duft des Sommers strömt so süß
aus Feldern und aus Wiesen,
wir stehlen wie im Kindertraum
die schönsten Kirschen uns vom Baum
und lernen zu genießen.

Strandgut

An das Ufer gespült
mit der tosenden Gischt,
aus dem Ozean des Lebens
in gelb gleißendes Licht.
Unsre Reise vorüber
für ein Sandkorn der Zeit,
unsre Taschen voll Hoffnung:
nur ein Hauch Ewigkeit.
Einsam kehren wir heim,
wenn das Meer stürmt und windet,
als verlorenes Strandgut,
bis ein andrer uns findet.

Horizontale

Den Tag ins Mondlicht eingetaucht,
die Welt umfängt ein blauer Hauch,
und zart getupft erscheint von fern
am Firmament nun Stern für Stern.

Die Stadt schläft wie ein sanftes Tier,
der Puls geht langsamer in ihr,
und selbst das große Lichtermeer
sieht bloß mit matten Augen her.

Leis spür ich, es ist an der Zeit,
schnür meine Schuh, mach mich bereit.
Die Fledermäuse sind erwacht,
vom Teufelsloch geht's in die Nacht.

Ich schlag den alten Hohlweg ein,
folg seiner Spur im gelben Schein,
auf weichem Lehm und Wurzelwerk,
durch Märchenwald hinauf zum Berg.

Fünf Arme weisen hier den Pfad,
die Welt verblasst, wird schroff und karg.
Schon klemm ich an der Felsenbank
und lauf den schmalen Grat entlang.

Dieselben Wände Jahrmillionen,
ich treffe Zeugen der Äonen.
Ein Ammonit bewacht die Kluft,
vom Sturm befreit aus seiner Gruft.

Zu seinen Füßen schimmern hell,
die Silberdisteln im Geröll,
wo die Studenten voller Flausen,
die Rutsche toll heruntersausten.

Noch ein paar Meter auf der Klippe,
dann steh ich an der Diebeskrippe.
Einst hatten Räuber mit Bedacht,
die Beute in den Wald verbracht.

Ihr wildes Lachen dringt ans Ohr,
ich stelle mir die Meute vor,
und Fantasie schlägt mich in Bann.
Die letzte Biegung, ich halt an.

Ich setz mich auf die morsche Bank
und schau ins Tal nun stundenlang.
Verweile glücklich auf der Höh,
bis ich die Morgensonne seh.

Weststrand

Was flieht Ihr Bäume vor dem Wind,
wo Wellenberge jadegrün
sich an das Ufer stürzen kühn,
bis rot der Tag versinkt?

Was weht Ihr Dünen übers Land,
wo sich das Meer vor Euch verneigt,
Euch Strandgut vor die Füße treibt,
verziert mit Tang und Sand?

Was ziehst Du Kranich von hier fort,
wo alles Leben Anfang nimmt,
die Menschenseelen glücklich sind?
Such keinen bess'ren Ort!

Mutprobe

Schwarzer Stern

Im Spiegel seh ich unsre Jahre,
ein schwarzer Punkt am Horizont,
er folgt mir treu, so weit ich fahre
als Stern, verglüht und unbewohnt.

Im Spiegel seh ich unsern Anfang,
ein zartes Werden ohne Schuld,
der erste große Sonnenaufgang
voll Staunen und voll Ungeduld.

Im Spiegel seh ich manchen Fehler,
die kleinen Schwächen, dummen Streit,
zwei sture Narren und ein jeder
in tief gekränkter Eitelkeit.

Im Spiegel seh ich unsre Liebe,
welch ein Geschenk auf meinem Weg,
verspieltes Wunder, keine Lüge:
die Wunder bleiben rar gesät.

Im Spiegel seh ich unsre Jahre,
ein schwarzer Punkt, schon winzig klein,
und wie ich in die Dämm'rung fahre
taucht er ins Abendrot hinein.

Du bist

ein Farbtupfer
im Alltagsgrau
das Wunderland
mein Magenflau

der stille See,
an dem ich lag,
mein Lieblingslied
am Regentag

ein Lichtblick
ist die Sonne weit
mein Glückskeks
nach der Fastenzeit

mein Endorphin
beim Dauerlauf
der kleine Schubs
vorm: Ich geb auf!

das Leben
wenn der Vorhang fällt
mein Schlupfwinkel
vor dieser Welt

Auf halber Strecke

Die Augen weit auf,
ich schau in den Himmel:
kein strahlendes Blau
und kein Rosarot.
Das Leben im Lauf,
ein Wolkengetümmel,
die Winde weh'n rau,
vom Regen bedroht.

Die Ohren weit auf,
ich hör Deine Worte:
die Geigen verstummt,
kein sanfter Gesang.
Das Leben im Lauf,
voll trister Akkorde,
die Töne vermummt,
ein härterer Klang.

Die Herzen weit auf,
noch kann ich Dich spüren:
die Sehnsucht, sie glimmt,
ein tapferer Rest.
Das Leben im Lauf
durch seltsame Türen.
Die Liebe verrinnt –
wer hält sie noch fest?

Lied von den Zweifeln

Du trägst mich treu im Herzen!
Wirfst Du mich einst hinaus?
Und uns're Wunderkerzen
geh'n still und heimlich aus?

Ich hab Dich stets im Auge!
Gehst Du mir aus dem Sinn?
Und das, woran ich glaube,
verblasst und welkt dahin?

Die Liebe kommt auf ewig!
Gibt's Liebe nicht auf Zeit?
Und wird sie nicht zum Käfig,
wenn ich für immer bleib?

So viele Zweifel nagen.
Komm, Liebe, mach mich blind!
Lass mich trotz all der Narben,
vertrauen wie ein Kind.

Marianengraben

(Zur Erinnerung an meine Großmutter Marianne 1924–2005)

So viele Jahre bist Du fort,
Dein Bild will nicht verblassen.
Gleich wo du bist, an welchem Ort,
Du hast mich nie verlassen.

Momente der Erinnerung
sind treue Wegbegleiter,
in meinem Kopf ein Zeitensprung
baut zu Dir eine Leiter.

Ich seh Dich noch im Garten steh'n
mit Deinen achtzig Jahren,
im bunten Hemd, so zeitlos schön,
und jung gefärbten Haaren.

Du hattest Deinen eignen Stil
und Deine Sicht der Dinge.
Auf Meinungen gabst Du nicht viel:
»... als ob es darum ginge.«

An dunklen Tagen fand ich Rat,
Du konntest mich verstehen,
und folgte ich dann meinem Pfad,
hast Du stolz zugesehen.

Dein Leben nahmst Du als Geschenk,
»... das man auch teilen müsse.«
Das ist es, wenn ich an Dich denk,
was ich so sehr vermisse.

Die Lücke, tief in meinem Herz,
trägt längst schon Deinen Namen.
Verborgen auf dem stillen Grund,
liegt der Marianengraben.

Dein Geschenk

Das Glück misst Zentimeter,
es wiegt kaum sieben Pfund,
riecht nach Vanilleblüten
und lächelt ohne Grund.

Die Liebe trägt zwei Grübchen,
perfekt ist ihr Gesicht,
und ihre Augen funkeln
im Nachttisch-Lampenlicht.

Die Zukunft hat zwei Händchen,
sie greifen nach der Welt,
lass Dich ganz sanft berühren,
und spür, was wirklich zählt.

Wirbelkind

Ein wilder Schneesturm fegt durchs Zimmer,
die Kissenflocken rieseln sanft,
die Stühle werden umgepustet
und Vasen fliegen aus dem Schrank.

Der kleine Blizzard auf zwei Beinen
ist wieder außer Rand und Band,
die Wohnung ähnelt einem Schlachtfeld
im großen Krieg vor Winterland.

Er stampft mit seinen zarten Füßen,
als wär er fast ein Zentner schwer.
So spielt das Kind des weißen Bären,
und ich bin sicher sein Dompteur.

Ein wildes Tier braucht Schokolade,
zwei Pranken langen mächtig zu,
und strahlend weiße Igluwände
sind braun bekleckst, und zwar im Nu.

Gestärkt erklimmt er höchste Gipfel;
ein Sturkopf voller Fantasie.
Der Tag, er endet in Lawinen,
das stört den kleinen Sturkopf nie.

Jetzt liegt das Eisbärkind im Käfig,
und schaut glückselig zu mir rauf.
Ich atme Ruhe nach dem Sturm.
Gleich morgen zieht er wieder auf!

Mutprobe

Ganz leise frag ich: Wann bleibst Du für immer,
mit all Deinen Küssen, Deinen Koffern, den Schuh'n?
Beseelst diese Leere, die Wände, das Zimmer,
und legst Deine Träume sacht meinen dazu?

Ganz leise spür ich: Dein Herz schlägt in Aufruhr,
mit all seinen Ängsten, seiner Sehnsucht, dem Stolz.
Springst Du über Zweifel, den Schatten, die Wegspur,
so ganz ohne Schirm für den Fall eines Falls?

Und ganz leise sagst Du: Ich warte schon lange,
mit all meinem Hoffen, meinem Zögern, dem Mut.
Ich fang an zu springen, doch Du musst mich fangen
mit offenen Armen! Fängst Du wirklich gut?

Hinter den Gleisen

Sechzehn Komma vier Millionen (1989)

Wir waren mächtig gewaltig,
wir war'n immer bereit,
kollektiviert und gesichert
hinter Mauern auf Zeit.

Wir waren Paul und auch Paula
auf den Spuren der Steine,
lachten über Rolf Herricht
und das selten alleine.

Wir sah'n die Welt an bis Moskau,
für den Rest gab es Dias,
schraubten ständig am Trabi,
hörten Bayern und Rias.

Wir rochen Fa, Lux und Krönung
vor Intershopscheiben,
hundert Gründe zu geh'n,
hunderteinen zu bleiben.

Wir hatten Grenzen und Minen
und uns meist arrangiert,
leise Honeckerwitze
haben lang defrustriert.

Wir waren Helden und Memmen,
liefen aufrecht und krumm,
wählten ständig auf Probe,
so schnell warf uns nichts um.

Wir war'n kritische Geister,
manches Mal die bequemen,
doch wir waren das Volk –
das kann uns keiner nehmen.

Kindheitsfoto (1982)

Die Alpenveilchen in den Fenstern,
Zigarrenrauch schwebt durch die Luft,
wir sitzen vor dem Kachelofen
und aus der Küche: Kaffeeduft!

Handgroße Blumen an den Wänden
in beigen Farben oder braun,
Schwarzwälder Kirsch auf Goldrandtellern,
das Kerzenlicht beseelt den Raum.

Großmutters treue Kittelschürze,
für eine Stunde hat sie Ruh,
sie stürzt sich in die gute Bluse
und endlich setzt sie sich dazu.

Wir reden über Glück und Segen,
und wünschen ihr ein gutes Jahr.
Es wird wohl eher dem alten gleichen,
die Dinge sind nicht änderbar.

Schon steht sie in der alten Schürze
im Reich der Töpfe, ohne Ruh,
sie räumt und spült und putzt beflissen
und nickt uns Kindern gütig zu.

Die Alpenveilchen in den Fenstern,
Zigarrenrauch schwebt durch die Luft,
wir sitzen vor dem Kachelofen
und aus der Küche: Kaffeeduft!

Hinter den Gleisen (1983)

Ich wohnte an den Gleisen,
in einem Zwanzig-Seelen-Haus,
die Beine aus dem Fenster raus,
sah ich die Menschen reisen.

Die alten Reichsbahnwagen,
gekettet an ein Dieselross,
verwegen schnaufend fuhr der Tross
vorbei an Kindertagen.

Nachts leuchteten Abteile,
in magisch-gelbem Zauberlicht,
sah ich der andern Welt Gesicht
für eine kurze Weile.

Das Lichterband flog weiter,
nur manchmal folgte ich im Traum,
ins Niemandsland zum großen Zaun
als heimlicher Begleiter.

Mein Fernweh kam in Zügen:
Die Neugier auf ein fremdes Land,
ganz nah und doch so unbekannt,
am Ende dieser Schienen.

Spielstraßenkinder (1976)

Wir streiften durch den Zauberwald
mit seinen Geisterbäumen,
wir waren sieben Jahre alt
und brauchten Platz zum Träumen.

Wir spielten bis zur Dunkelheit
mit kindlichem Vertrauen,
wir kannten keine Einsamkeit
und noch kein großes Grauen.

Wir hatten Pfützen auf dem Weg
und manche Dornenhecken,
wir liebten Rennen übern Steg
und Fußball und Verstecken.

Wir gaben uns den Bruderkuss,
und haben uns geprügelt,
wir hassten nur »Für heut ist Schluss«,
das war mit Schlamm besiegelt.

Wir kannten Freiheit ohne Maß
und aufgeschlag'ne Knie,
wir hüpften barfuß durch das Gras
oft Stunden ohne Mühe.

Perfekte Kindheitsutopie,
sie lebt noch heut in mir.
Die Welt war voller Fantasie,
die »Game Boys« waren wir.

Auf dem Appellplatz (1981)

Am weißen Mast – die Thälmannfahne,
gespannte Ruhe vor dem Sturm.
Direktor Franz hält seine Rede,
dann ruft er Rüdiger nach vorn:

»Wir nehmen Dir Dein rotes Tuch,
ab heut stehst Du allein,
den Gruppenrat hast Du beschimpft
als Kommunistenschwein.

Das Kollektiv hast Du entehrt
und in den Dreck gezogen,
Du hast uns wie der Klassenfeind
belogen und betrogen.«

Zwei Augen suchen hilflos Halt
in grauer Schulhofenge,
doch nur das Schweigen starrt zurück
aus uniformer Menge.

Ein Trommelwirbel bricht sich Bahn,
zerreißt die Morgenstille,
das Halstuch binden sie ihm ab
von seiner Menschenhülle.

Gespenstisch wirkt das Tribunal,
im Wind – die Thälmannfahne.
Ihr Demagogen-Pädagogen:
Der Feind war kaum zwölf Jahre!

Soldatenherz (1988)

Lange Nächte werfen Schatten
auf die Sturmbahn hinterm Wald,
schweißgebadet unter Sternen,
Marschbefehle sind verhallt.

Müde Krieger drehen Runden
vor dem Zaun im Mondenschein.
Stehenbleiben! Auf den Boden!
Keiner raus und keiner rein.

Junge Männer in Kasernen,
wachsen aus dem Menschenkind,
in der Hand der Seelenschinder
wehen Tage fort im Wind.

Bunte Fotos in den Spinden
bringen heile Welt zurück,
zwischen Uniform und Stahlhelm,
zarte Lippen, sanfter Blick.

Lange Nächte werfen Schatten
tief in die Soldatenbrust.
Wird sie warten? Wird sie warten?
Lange Nächte bis zum Schluss?

1. Mai (1985)

Nieselregen
Kalte Hände
Rote Nelken
Transparente

Fleischgewordner
Losungswahn:
Tausend Schweine
übern Plan

Die Partei
grüßt die Organe
Marx grüßt Engels
auf der Fahne

Sportlerbeine
Volksbetriebe
Kampfesgruppen
Spielmannszüge

Ehrenbonzen
auf Tribünen
Veteranen –
Winkmaschinen

Fahnenfluchten
Rote Brause
Bratwurst, Brötchen
Ab nach Hause!

Konsum-Falle (1984)

Fünf Uhr morgens,
Plattenladen.
Michael Jackson?
Muss ich haben!

Fünfzig Leute
stehen schon:
Wird schon reichen,
ruhig mein Sohn!

Junges Paar
auf Luftmatratze,
Knoblauchwolke,
eine Glatze.

Leute, die zur
Arbeit gehn,
bleiben in der
Menge stehn.

Auch zwei Punker,
sonderbar!
»Für die Mutti« –
ist schon klar ...

Welch illustre
Wartetruppe.
Noch 4 Sunden,
mir doch schnuppe!

Eingenickt,
ich wache auf.
Laden öffnet,
ab zum Kauf!

Und nun bin ich
an der Reihe:
»Guten Tag,
ich hätt gern zweie.«

»Zwei Pfund Bohnen
kannste haben!
Ein Pfund gibt's
von den Bananen.«

Obst? Gemüse?
Mir wird bange.
Oh mein Gott:
die falsche Schlange!

Staßfurt Debüt III

Nur schwarz-weiß und lange her,
sechsundzwanzig Kilo schwer,
Holzfurnier, fünf Knöpfe dran.
Komm und schalt ihn noch mal an!

Adolar und heißer Draht.
Wer spukt unterm Riesenrad?
Fuchs und Elster, Wolf und Hase,
Pitti, ach Du meine Nase!

Unschlagbares Puppenspiel.
Mädchen auf dem Besenstil,
Sport mit Adi, Flimmerstunde:
Gojko reitet eine Runde.

Willi Schwabes Rumpelkammer,
weggedrückter Schnitzler-Jammer,
Tele Lotto mit Herrn Rohr:
Nummer 14 heißt Humor.

Niemand mehr in Bus und Bahn?
Egon hat wohl einen Plan.
Und am Strand von St. Tropez:
Nein! Doch! Oooh! – der de Funes.

Aktuelle Kamera,
heute mit Angelika.
Glaubt nicht alles, was sie sagen,
das gilt fort an allen Tagen!

Jetzt noch schnell der Abendgruß,
liebe Kinder, dann ist Schluss!
Nur schwarz-weiß, schon ewig her –
ein paar Bilder, und doch mehr.

Kaltes Herz (1990)

Ein bracher Acker
ein Vakuumraum
Ein gnädiges Schicksal
ein uralter Traum

Die Mauern gefallen
historische Stunde
Ein spaltweites Fenster
für eine Sekunde

Oh, freudiger Taumel
ein Volk eng umschlungen
Die Armen, die Reichen
die Alten, die Jungen

Doch Instinkt kehrt zurück
zu den Dienern der Macht
Rasch Verträge gestrickt
noch im Schatten der Nacht

Den Kuchen verteilt
an die Gier und das Geld
Das Grundbuch auf Null
die Gewinne gezählt

Die Betriebe verzockt
von treuloser Hand
Und Mammons Hyänen
durchstreifen das Land

Gestohlene Hoffnung
der Selbstwert auf Grund
Die Massen besänftigt
mit billigem Schund

Die Wurzeln gerodet
den Traum auf die Bahre
Die Grenzen fixiert
für hunderte Jahre

Das Volk eingeteilt
in Verlierer und Sieger
Die Chance verkauft –
sie kehrt niemals wieder.

Fiktive Geburtstagsgrüße (7. Oktober 2014)

Wenn Du heut Geburtstag hättest,
nur mal angenommen,
anders umständlich verkettet,
wär ich wohl gekommen.
Was hätt' ich auch machen soll'n,
käm ja hier nicht weg,
nicht Paris und nicht Neukölln,
stets am gleichen Fleck.

Wenn Du heut Geburtstag hättest,
nur mal angenommen,
zwischen Mauern eingebettet,
würdest Du bekommen:
Hansakeks, jetzt auch vital,
Stasiakten digital,
Grüße von der GST,
eine Honecker-Allee,
Hellerau in Eiche grau,
Wartburg in Metallicblau,
20 Jahre Wartezeit,
Abrisshäuser meilenweit,
Duosan als Öko-Kleister
und Dynamo wieder Meister.

Wenn Du heut Geburtstag hättest,
nur mal angenommen,
so viel Schönes, so viel Nettes,
hättest du vernommen:
Fünfundsechzig Jahre jung,
und am allerbesten:
endlich darf Dein ganzes Volk
reisen in den Westen!

Kleines DDR-Lexikon

Altstoffsammlung

Also lautet der Beschluss,
dass der Mensch was sammeln muss:
Flaschen, Gläser, Altpapier,
mit der Karre durchs Revier.
Sozialistisch–ökologisch?
Ach, I wo, rein ökonomisch.
Aus dem Mangel eine Tugend –
Vorwärts, Pionier und Jugend!

Bruderkuss

Selten waren sie sich grün,
doch das durfte keiner sehn!
Also herzten sie sich sehr,
und sie küssten noch viel mehr.
Ein Geschlabber und Geknabber,
ein Geheuchel und Geschmeichel.
Null Kritik und kein Gemecker:
Oh, Ihr alten Speichellecker!

CDU

Kaum zu glauben, aber wahr,
auch im Osten – dicke da!
Wahrlich frei von schrägen Tönen,
nie war Missklang zu vernehmen,
von der kleinen schwarzen Schwester
im Blockflöten-Show-Orchester.

Delikat

Für die Lieben nur das Beste,
damals zum Familienfeste:
eine Büchse Ananas,
18 Ost-Mark – ohne Spaß!
Bei neunhundert Durchschnittslohn,
Einheitspreis als blanker Hohn!

Erich Honecker

Dein Schicksal, es nahm seinen Lauf,
kein Ochs, kein Esel hielt es auf.
Dass Du einst selbst im Knast gesessen,
das hattest Du wohl schnell vergessen,
vor lauter Wandlitz, Orden, Jagen
in Deinen roten Fürstentagen.
Sperr weder Volk noch Willen ein,
das sollte Deine Lehre sein!

Friedensfahrt

Völker hörten die Fanfare
an den Radios viele Jahre.
Spaß am Radfahr'n, Spannung pur:
Ludwig, Hartnick, Täve Schur.
Ach, Sportsfreunde, das war spitze,
ohne Pille, ohne Spritze.

Gorbi (Michail Sergejewitsch Gorbatschow)

Das Schicksal war höchst ungerecht
zum Held in eignen Landen:
Auch wer zu früh kommt, lernten wir,
wird oftmals nicht verstanden.

Hausbuch

Selbst Westbesuch blieb nicht erspart,
das Gästebuch besond'rer Art.
Was bist Du, machst Du, hast Du vor?
Das kleine Buch war stets ganz Ohr.
Natürlich stets zum Datenschutz
im Umschlag gegen Staub und Schmutz.

Intershop

»Genosse Müller, Sie im Shop?«
»Ich wollt nur spüren, ganz ad hoc,
den faulig-ranzigen Geruch,
den allerletzten Atemzug
vom miesen, fiesen Kapital!
Es siecht dort hinten im Regal.«

Jungpioniere

Blaues Halstuch, zehn Gebote,
bloß nicht christliche, nein rote:
wen wir achten, wen wir lieben,
Singen, Tanzen, Sport zu üben,
und den Körper sauber halten;
Ordnung schon in kleinsten Spalten!

Konsum-Schaufenster:

Wohin auch das Auge schaut,
Gläser voller Sauerkraut!
Und gibt's mal kein Sauerkraut
wird verschachtelt und gebaut,
einfallslos und höchst stupide:
eine ATA-Pyramide.

Leuna

Kinder, schließt im Zug die Fenster,
denn nun kommen die Gespenster:
Riesenschlote, unwirklich,
und Gestank ganz fürchterlich.
Dunkle Wolken, schwarzer Regen,
die sich auf die Seele legen.
Dioxide, Schwermetalle –
Gift und Galle bis nach Halle.

Mielke, ebenfalls Erich

Bieder wirkt der Kopf der Krake,
lasst Euch bloß nicht blenden,
schnüffeln, foltern und zerstören,
Blut an Ohr und Händen.
Sprach, als dann das Ende nahte,
wirr von großer Liebe,
doch wer Schild und Schwert geführt hat,
kennt nur Mord und Hiebe.

ND (Neues Deutschland)

Man sagt, der Schlag ging nie daneben,
die Fliegen bangten um ihr Leben.
Ansonsten hat's Zentralorgan
den Schlag in Zeilen stets vertan.
Mehr Kreide als der Wolf, der Böse,
fraß dieses Blatt, trotz seiner Größe.

Oktoberklub

Sag mir, wo die Blumen sind,
das war gestern, liebes Kind!
Sag mir lieber, wo wer steht,
und wie der Wind ab heute weht!

Piesma drusjam (Briefe an Freunde)

Liebe Olga, tut mir leid,
zum Schreiben fand ich jetzt erst Zeit,
die Ferien waren doch sehr lang,
dann war auch noch die Oma krank.
Mir geht es gut. Wie geht es Dir?
Ich bin nun Thälmannpionier.
Das Wichtigste, ich wollt Dir sagen:
Spasiba für die schönen Marken!

Q

Kess auf manchen Dingen steht:
Gütezeichen Qualität.
Mode sah man selten flott,
dennoch war nicht alles Schrott:
Essen, Optik, Rührgerät,
Moped, Bücher und Komet,
selbst so manches Kuscheltier
lebt noch heute im Revier.

Republikflucht

Wie hältst Du's mit der großen Wand?
Bist Du dafür, dann bleibe hier!
Bist Du es nicht, dann quäl ich Dich!
Treufürsorglich, Dein Vaterland!

Sozialistischer Gang
Biete sechzig Bodenfliesen
ostseegrün mit Kampfesgrüßen,
suche vier, fünf Sack Zement,
welche ich dann konsequent,
weiter tausche auf der Stelle
gegen eine Kurbelwelle –
Du kannst warten jahrelang
oder nimmst den alten Gang!

Tal der Ahnungslosen
Was habt Ihr auf dem Trockenboden
geschweißt, gelötet und gebogen,
die Strippen meterweit gezogen,
den Blick zum Himmel dann gehoben:
Oh, Ochsenkopf – sei uns gewogen!

Unterm Ladentisch
So, so, Sie haben's heut im Rücken,
würden Sie sich trotzdem bücken?
Unter Ihrem Ladentischchen
liegt noch manches süßes Früchtchen!

Vitamin B
Lief es im Leben nicht auf Schienen,
dann mangelt es an Vitaminen.
Doch ist Dein Glaube längst dahin,
nun ging es ohne Vitamin.
Die Wahrheit machte Dich perplex:
heut brauchst Du Vitamin-Komplex.

Wandzeitungsredakteur

Wer hat einst Instagram erfunden,
in analogen Arbeitsstunden,
geklebt, geschnipselt und sortiert,
den Klassenstandpunkt plakatiert,
zum Frauentag, zum 1. Mai,
zum Ehrentag der Polizei,
in Fotos, Texten und noch mehr –
vom Gruppenrat der Redakteur!

XParteitag

Vorwärts immer,
rückwärts nimmer,
nur nicht besser,
sondern schlimmer!

Yvette intim

Unten frisch zu jeder Zeit,
aufgeklärt und startbereit,
selbstbewusst, emanzipiert
wenn auch nicht perfekt rasiert,
unverklemmt und unverkrampft,
Libido statt Klassenkampf.

Zv-Lager (Lager für Zivilverteidigung)

Wenn bei uns in heißen Kriegen,
nukleare Bomben fliegen:
Bewahre Ruhe!
Putz die Schuhe!
Mit Ankerplast den Feind besiegen!